Gedeon Njiké

Cameroun!

Gedeon Njiké

Cameroun!

Confidences (Lettre à mon père) Tome 1

Éditions Muse

Imprint

Cover image: www.ingimage.com

Publisher:
Éditions Muse
is a trademark of
International Book Market Service Ltd., member of OmniScriptum Publishing Group
17 Meldrum Street, Beau Bassin 71504, Mauritius

Printed at: see last page
ISBN: 978-620-2-29294-8

Cameroun !

Confidences

[Lettre a mon père] tome 1

Auteur
Nom : Njike Watat Arsène Gedéon
Pseudonyme : St Gaïus Arsène

Mon cher père, j'ai foi que ta douce réponse pourra redonner chaleur à mon âme. Ton fils ne saurait quoi dire devant cet obs curité qui vient sans cesse nuire à notre héritage.

TABLE DES MATIERES

I ère Partie : Le pouvoir et son détenteur

Les alliances

L'âme Camerounaise voulait liberté
L'indépendance lui fût après tout donnée
Apres une longue nuit de lamentations
Sous ces longs jeux de tirs d'armes

L'âme Camerounaise se plaint de ces pions
Pions mous, pions faux, pions lâches, pions fauves, pions lames
Ceux qui plongèrent la paix de nos terres riches
Par les traités et accords fort- louches-fort- mouches

Aux ancêtres comme on en croit si bien parfois
Aux préjugés comme on en croit bien si souvent
Le cri pourrait résonner comme pour une mèche
Contre nous, nous, lents à figer, agir parfois

C'est trop ! Je veux suivre la direction du vent
L'indépendance ne pût tant me consoler
Loin de moi, loin l'étranger et ses vanités
Mon père, coupe ces lianes ! Il est six heures

Les victimes

I

Les voix hurlantes de rudes douleurs, de peur
Devant la fureur des aigris de la torture
De ces dits colons éloignés du vrai bonheur
Prêts à régner, et bien si importe malheur
Hurlent vers toi, pleurent justice, la meilleure
Les bruits de fusils, couteaux, canons, machettes
Courent plus vite sans qu'on ne les arrête
Vers ceux- la qui voulurent se faire la fête
Sans qu'œil, sans qu'écueils, sans qu'un ou qu'une ne vienne

L'on vît se prendre des vies sans une vie
Par la ruse, en pleine journée, à minuit
A l'heure où le vaillant héros se faiblit
L'héros qui s'opposa a la main de la pie
Pie ne parlait trop bien que par et pour lui

II

Papa, si tu sais pourquoi le mal est mal
Tu ne verras en mal que je vois le mal
De même que tu sais que le mal est mal
Ma lettre ne te sera jamais d'aucun mal

Trop à dire sur ce qui fait si tant de peine
Comme mourir un jour et mûr, le cœur en haine
Quand rêvent nous voir grands comme l'herbe sur la graine
Ceux qui dans les vieux jours sont morts, en quarantaine

Je ne citerai jamais les contemporains
Que toi seul point n'ignores, seul, que tu connais
Gens que l'autre n'est sûr, moins sûr et incertain
Mais tous deux, nous, savons bien ceux que tu connais

N'aie crainte papa, je ne veux point te gêner
Ma plume est là, pour tes larmes essuyer
Le cri des âmes va bientôt se résonner
Et à calmer leur sang, il faudra y penser

Le pouvoir

Après avoir eu dompté le lion rugissant
L'oppresseur du noir, mit sa victime devant
A lui faire oublier les chutes du temps
Dont elle pouvait s'en servir à tout moment

L'on ne sait à quel moment le vent va souffler
Le gourou est enfin fier en chef de régner
En ignorant qu'il n'est guide que pour calmer
Consciences noires, et la peur du Blanc meurtrier

Père, ces chefs étaient innocents de corps, d'âme
Leurs mains qui pointaient, ne pointaient pas sans la lampe
Lampe – chasseur, qui désignait toujours la gamme
Sans toutefois tenir compte du chef, la hampe

Qui sont ceux de loin, qui regardent, en pleurant, Si
ce ne sont pas nos frères aimés à maman ! Devrons
– nous encore souffrir comme eux du pan
D'une robe qui nous traîne tant en marchant ?

Une heure.

Une heure est comme mille années plein devant Dieu
Et mille années sont comme un jour pour lui moins peu
Une seule décision, juste une, en une heure
Peut changer un temps d'aigreur, en temps de valeurs

Te souviens – tu de ce jour où tu pris pouvoir ?
Cette heure où mains, bras, instruments font pleuvoir

Sur toi, d'une vague pleine de joie à croire
Qu'une lueur de vie, un jour se fera voir

L'heure de ton départ te paraîtra étrange
Comme un voleur, au champ, au temps de la vendange
Il sera loin du premier jour, de son image
Donc, compter tes jours te sera pour toi très sage

Juste une heure, et le tour est joué, et les maux changés
C'est possible, possible de fort bien régner
Sans qu'il ait à réparer tous les pots cassés
Ah oui ! Dans la justice et surtout l'équité
Juste une heure…

Le lion

Il n'y a jamais deux rois dans la forêt dense
Et celui qui défie le chef a de la chance
Tricher, frauder, contourner, un jour tu en penses
Sans jamais toutefois songer à la masse
Qui frappe la tête des malchanceux, des lâches
Le chef de la forêt, rien ne le nuit
Car ses oreilles refusent tous les bruits
Bruts comme lorsqu'on frappe durement la suie
Bruts comme les mâchoires de chèvres la nuit

Il n'est pas d'accord quand se règne l'injustice
N'aime pas l'odeur, le goût des faux sacrifices :
Le jugement pour lui – même, l'égo sacrifice
Qui n'est qu'un jugement mou, une injustice rixe

Que peut donc faire la souris devant ce grand !
Les griffes peuvent la tuer en un instant
La place des rongeurs, c'est dans les trous des champs
Vas – t'en ! Le pouvoir n'est pas pour vous , les enfants

La souris

L'on ne peut plus librement causer au salon
Sans qu'un invité ne vienne, et que nous saluons
Nous ne pouvons le chasser, nous, bien, le voulons
Il sait mieux que quiconque ce que nous souhaitons

Tiré à quatre épingles, et comme nous
Il désire plonger les doigts, dans le plat des sous
Se cachant sous des mots polis comme : Monsieur, vous…
Voulant la place d'or, pour jouer le gourou

Après avoir rongé, bouffé sans qu'un ne reste
Le feignant de vérité, retourne sa veste :
La fin des bons gestes sont la peur, la peste
Et là, nous savons pourquoi il était si leste

L'improviste

I

Il est prudent d'agir souvent avant le temps
Car toujours attendre, fait croiser le néant
Néant piège, néant vice, et le bon méchant
Il est prudent d'agir souvent avant le temps

Tel peut, arriver sans aviser à la fête
Pour ne pas se regarder déguster les miettes
L'homme du pouvoir, n'est pas toujours d'un bon geste
Parce qu'il aime si bien se débarquer du reste

II

Les gens attendent la pluie le mois de Mars
Mais le soleil, la pluie, sortent à la base
Et personne ne sait si nous sommes sur Mars
Ainsi, en est – il d'un guide : un as, un Marx

N'aie pas peur de parler en dehors du programme
Si c'est utile, et ne fera pas de flamme
Là, ils sauront que ta bouche, est le Tam – Tam
N'aie pas peur de parler en dehors du programme

L'improviste peut entrer dans la peau de l'autre
Comme du bon vin et doux, dans la peau de l'outre
Il connait sonder les situations en outre
L'improviste peut entrer dans la peau de l'autre

Improviser te fera fuir tous les longs yeux
Tous ceux – là qui te gêneront tes jolis vœux
C'est un atout qui te fera régner heureux
Et t'éviter parfois les violents coups de feu

Le programme

Le programme c'est la liste d'activités
Prévues pour mieux dérouler les éventualités
C'est l'ensemble des éléments à effectuer
Soumis à un temps précis à exécuter

Le programme c'est ce qu'on doit faire
C'est ce qu'on a conclu de faire
C'est ce qu'on s'est imposé de faire
C'est ce que même le temps,
Nous a recommandés de faire

Imagine que ce programme soit supprimé
Crois- tu que les choses pourrons encore bien marcher
Je dis oui, oui mon cher papa
Car au Cameroun, l'impossible est possible

L'impossible

Mon père : << Impossible n'est pas camerounais >>
Tout le monde en parle, et bien tu le sais
L'homme du Cameroun même sans rien pourrait
Réussir seul à se bâtir dans les airs un palais

Nos frères, ont tout tenté pour fuir l'oppression
Et l'oppresseur fut surpris devant les potions, Dont
la puissance lui faisait perdre raison :
L'oppressé se muta en diverses dimensions

Pourquoi ne pas pour une fois aller droit au but !
Nos frères, n'ont pas craint d'aller droit au but
Certains devinrent : chèvres, coqs, chiens, bois, zébus…
Pour contourner l'adversaire et sa règle floue

Si ceux qu'on croyait s'abandonner à eux – même
Purent faire jeu de la magie la plus extrême
Alors nous pouvons faire jeu, et par nous – même
De la tragédie qui guette sans qu'on ne l'aime

Dieu, la pleine volonté d'évoluer, il aime

L'indépendance

I
1960

Liberté ! Le Cameroun s'est enfin écrié
Il chante, à haute voix et, en pleine fierté
Cette victoire là, remportée en beauté
Au dessus des épreuves et des enragés

Oh, que de douleurs pour arriver jusqu'ici !
Ma grand – mère, m'en parlait à chaque midi
Comment le résistant qui se levait, prit
Sans vouloir d'un coup qui ôta parfois la vie

II

Après

Après… Après hein… Après, après…Après…oh !
Après c'est le lendemain de l'indépendance
Et les choses se basculent dans tous les sens, Et
chacun s'inquiète de n'avoir la chance
A quoi nous a donc servis l'indépendance
Si les gens ne sentent plus joie de délivrance ?

Une inquiétude singulière

Supposons qu'un intrus parvienne à te surprendre
D'un fusil, en le tendant au front ; sans comprendre,
N'iras- tu pas loin de la mort qui veut te prendre ?
Ne salueras – tu pas vie qui ne veut te prendre ?

C'est normal pour un homme de craindre la mort : Celui
qui meurt, est moins mieux que celui qui dort ; C'est
normal au pouvoir de craindre la mort :
Celui qui meurt au pouvoir, meurt pour un but fort

Si tu quittais ton poste pour un autre monde
En ayant fait défi à ce monde immonde
Sois sûr, tu ferais partie de la table ronde
Et le meilleur refrain du chant de tout le monde

La surprise

I

Il fut un temps où mouraient les travailleurs du Blancs
Car on avait en horreur le gouvernement
Quiconque, est soumis au Blanc, n'est qu'un méchant
Qui ne veut du bien du pays que le néant

Les administratifs guettaient toujours les coins
Avant de regagner leurs demeures avec soins
A l'abri des violents qui se cachent tous au loin
Pour nuire à ceux qui rodent naïfs dans le coin

II

Mille neuf cent quatre – vingt – quatre, Yaoundé tombe
Dans une de ces situations, tellement sombres
Les autres chaines radios voient toutes la tombe
Seule Yaoundé peut témoigner l'hécatombe

Ici, parler de paix n'est plus du tout de sens
Parce que chacun désire faire comme il pense
Grâce à Dieu, l'élu sut prouver son innocence
Devant les jaloux qui voulaient lui ôter sa chance

Dieu

I

Que ce qui vit s'humilie devant le suprême
Qui veut que les choses ne soient jamais les mêmes
Vision des choses que les hommes toujours n'aiment
Ils ne savent que les choses, ne sont toujours mêmes
Comme eux en bas, et toi, au pouvoir dit suprême

II

Ne crains point à Dieu d'exprimer reconnaissance
Pour le beau Cameroun, de te donner naissance
C'est lui, la clé de la véritable puissance
Et le maître de la meilleure gouvernance

La question de politesse

Ne m'en veux pas de t'employer toujours un « tu »
Comme si nous nous étions quotidiennement vus
C'est parce que tu m'es cher et m'es d'un grand but
Que j'évite la lourde distance du « vous »

Voudrais – tu qu'on dise un vous comme la souris ?
Non ! je suis ton ami, pas un ennemi
Je ne saurais me voir fier t'en ayant trahi
Ou me voir rire, en te voyant souffrir, faillir

Papa, puisque je te prouve mon amitié
Par un « tu » vrai, et très loin de l'iniquité

Sache dès à présent que la vraie politesse
Est dans le vrai dire et non dans des mots d'ivresse

Les mots d'ivresse

Nous deux savons très bien papa
Qu'un soulard débout ne tient pas
Tu sais aussi que comme ses yeux,
Son cerveau en cet instant ne raisonne pas
Donc, c'est clair que ses paroles n'impressionnent personne

Si je te dis : « Mon père je t'aime »
Quand mon cœur exprime :
« Ha ! Tu m'énerves assez pour me plaire »
C'est que je perds la raison
Et mes paroles ne pourrons donner leçon

Les mots d'ivresse, c'est- à- dire
Mots qu'on emploie sans réfléchir
Ne font pas gravir des échelons
Ne favorisent pas l'émulation

L'émulation

Père : << Tu ne peux toucher sommet sans défi>>
Estimes – toi fier que ces propos te soient dits
Car stationner là, et dire tout est fini
C'est ouvrir sa porte au voleur de minuit

Ne t'arrête pas de courir, cours vers le but
Donnes – toi les moyens pour arriver au but
Ne jamais, surtout oublier la voie du but
Toujours avancer, ayant à l'esprit le but

Des circonstances peuvent être un obstacle
Mais pour l'homme politique, c'est un spectacle
Pour éviter que tout se transforme en tacles ;
C'est pourquoi, il se doit de bien croire au miracle

Le défi doit se faire par rapport à toi – même
L'obstacle n'est pas homme, mais intentions d'hommes
Il n'est pas homme, mais situations qui assomment

II ème Partie : Le pouvoir et le peuple

Le peuple

C'est un vaste monde qui te regarde là
Ce monde qui t'écouta lorsque tu parlas
De faire grandes choses et jamais faux pas
L'on t'entendait parler te démarquant du tas

Le peuple, est comme un vaste troupeau sans guide
Comme un tuyau cassé qui perd assez d'eau
Comme une vache qui aurait perdu un veau

Si tu perds tout ton temps à vouloir l'écouter
Tu maudiras démocratie qu'il a optée
Si tu perds tout ton temps à vouloir l'écouter
Tu refuseras d'avancer sans reculer

Dirige – le bien, avec beaucoup de prudence
Comme le serpent devant les tumultes intenses
Dirige – le bien, et quelques soient les mouvances
Comme un soldat certain d'assurer sa défense

Le choix

Lorsque le trône, est au centre des discussions
On suppose qu'il n'y a personne à vision
Chacun se bat pour le poste à exécutions
Pour se réjouir de se porter « le choix du peuple »
Ah, s'il te plait papa, s'il te plait réponds – moi :
Pourquoi croire au départ et à la fin perdre foi ?
Pourquoi se confier à groupe fou contre toi ?

Un choix une fois fait, doit sans qu'on le veuille plaire

Quand on choisit, c'est dans une grande assurance
Tu ne peux aimer mouton et changer sa panse
Tu ne peux choisir ton chef et nuire à sa canne
Lorsqu'on choisit, c'est dans une grande assurance

Guerre de partis

Le parti x, accuse le parti y grec
D'avoir rendu son bonheur impossible, infecte
En usant des méthodes louches, indirectes
En troublant la paix comme les volants insectes

Le parti y grec, accuse le parti x
D'être de côté, et d'autre, et d'être mixte
De ne pas vouloir entente, et d'être schiste
Ce qui fait demeurer sa gloire, toute fixe

Comme le poète maitrise ses rimes
Son texte ne pourra être que beau, sublime
Si créer parti engendre partout le crime
A quoi donc a – t – il servi le multipartisme ?

Le multipartisme

Croire, au multipartisme n'est un problème
Espérer un jour le pouvoir
n'est un problème
Mais c'est avaler l'autre
qui pose problème

C'est trop rêver, sans agir qui pose problème
Le mieux serait de repenser à ce concept
Puisque ton avis, les opposants points n'acceptent
Le mieux serait de revisager le concept
Puisque ton avis, les opposants point n'acceptent

Assurément, les partis plaignent quelques choses !
Comment arrives – tu à mieux voir le borose
Quand tes voisins voient tous en toi le morose ?
Ils doivent vraiment se plaindre de quelque chose…

Dans le multipartisme, l'on se cherche seul
Pour le pouvoir qui ne réclame qu'un, un seul
Chacun doit se battre pour lui seul
Sans gêner la gloire de l'autre, qu'il eut seul

Un pas en arrière

S'il te plait, faisons un peu, un saut en arrière
Au temps où le brut dirigeait d'une main de fer :
Tu remarques le trouble fort de l'atmosphère !
Tu remarques le tumulte comme à la guerre !

Je suis sûr et certain que tu vas m'en vouloir, si je
dis être fier du brut qui prit pouvoir
je suis sur, sûr de moi que tu vas m'en vouloir, si je
dis être fier du brut qui pris ta gloire

Non ! Avant n'est plus vraiment comme maintenant
Excuse- moi de le dire moins poliment
Car les choses se dégradent rapidement
Et le progrès ne peut se voir que lentement

La véritable richesse

Mais, que vaut le sens de la richesse chez toi ?
Beaucoup pensent que c'est obtenir ce que l'on voit
Posséder tout ce qui fait le bonheur des rois
Sache donc que la vraie richesse, c'est toi, moi

La richesse n'est pas toujours de l'extérieur
Ni matériel qui, attire par sa valeur
La richesse d'esprit est sans doute la meilleure
Parce qu'elle peut démarquer du vil des valeurs

Poursuivons ce qui peut nous faire progresser
Poursuivons ce qui peut nous faire mieux avancer
Seul le matériel ne pourra mieux nous aider
Un gain sordide risque de nous enfoncer

Un gain sordide

Pourquoi nous tient – il encor par le bout du nez ?
On fait une pause, et on va le chercher
Il crée le trouble, mais on ne peut s'en passer
C'est l'argent : la raison de la vie, mal aimer

C'est lui qui peut changer un homme bon en un faux
Il a aussi tort de noyer le bien dans l'eau
Pousser les jeunes à se livrer sans maillot
Et de prendre le cœur des rois pour tous les maux

Châtie – moi parce que je parle un peu trop
Ou châtie – moi de ce que je dis ce qui vaut :
Il te faut comprendre, et sur ce, le plus tôt
Afin que tu sois heureux, et tes jours plus beaux

Ici bas, si tu fuis argent, tu vas faillir
Donc, c'est vraiment nécessaire quoi qu'on puisse en dire
Il y a une chose dont je veux t'avertir :
C'est pour l'utile et non pour un coup d'Agadir

Le crépuscule

I

Seize heures

L'homme, aime tellement profiter de la vie
Il pense que le temps ne tourne que pour lui
L'homme, aime tellement profiter de la vie
Au point de se nier la tombée de la nuit

Après avoir mangé, et bu comme il n'en faut
Il veut se tenir debout
et un peu plus haut
Mais il sera très surpris
du vilain cadeau :
La vieillesse, châtiment des flous, et des sots

La vieillesse, est le temps de conter belles histoires
L'arbre qui abrite les curieux du savoir
Un message vivant caché dans un miroir
La fin d'un long parcours et d'un étroit couloir

Si tu as cette chance, tu es très heureux
Alors montre sagesse, à jeune qui ne veut
Que parole d'ainé n'est pas à qui le veut
Montre – lui que tu es capable, que tu peux

II
Le milieu de la nuit

Quand tes forces refusent de faire tes labeurs
Quand le temps sans cesse te rappelle ton heure
Et quand la vie perd de plus en plus sa valeur
Tu comprends donc que voici venir le voleur

Le milieu de la nuit est l'instant malheureux
Où personne n'échappe, même le chanceux
De tous, dans une vie, c'est le plus généreux
Celui qui le trouve au bon temps, est heureux

C'est la mort : un inconnu qui vient sans tenue
Il va plus loin, à choisir son heure voulue
Pour te classer au meilleur rang des mal-connus
Te voilà coincé, entre l'ombre et la nue

Il sera tard pour faire preuve de conscience
Trop tard même pour faire preuve de conscience
Donc, quand tu es vivant, saisis toutes tes chances
Car dès minuit, il est tard pour prendre conscience

Et après toi ?

As – tu songé à celui qui viendra après toi ?
C'est une question muette, mais très importante
Son succès dépendra d'une part de tes avoirs
Et de tes avoirs dans la gestion du pouvoir

Tu t'es beaucoup et tellement donné du mal
Pour voir les choses aller plus bien qu'aller au mal
Tu t'es beaucoup et tellement donné du mal
Pour qu'autour de toi, ne s'étende plus le mal

Dans « …de tes avoirs dans la gestion du pouvoir »
Je parle de tes gestes, au cœur de la gloire
Ces bons gestes qui l'aideront à entrevoir
Qui l'aideront, son pays, à faire valoir

Emporte toujours cette parole, avec toi :
« Tous les actes que tu poses, à chaque fois
Tous les gestes que tu fais et à chaque mois
Seront testament pour peuple qui te voit »

Le testament

Après avoir tout laissé ton poste à un autre
A la fin de ton mandat, et début d'un autre
A la fin de ton règne pour pouvoir d'un autre
Nous entendrons tes échos mieux que ceux de l'autre

Le peuple entendra tes échos à ton départ
Et peu importe s'il entend en retard

L'essentiel est qu'il ne parvienne jamais trop tard
Pour ne pas bénéficier quand ils seront rares

Tes échos sont ce qu'on dira de toi après
Ce sont vestiges du pouvoir où tu étais
Points de vue de chacun sur ce que tu faisais
Critiques, défenses d'idées que tu avais

Je ne peux vraiment te dire cela autrement
Ce que j'ai, c'est assez dire, sincèrement
De faire attention et surtout d'être prudent :
Ce que peuple dira, sera ton testament

Le chant des vécus

Les belles fleurs qui luisaient vivement derrière
Se verront faner des coups de
vent de poussière, Leurs
admirateurs reculent tous en
arrière
Car elles sont devenues moins attirantes qu'hier

Refrain : Chaque chose dans ce grand monde a un temps
Chaque chose dans ce grand monde fait son temps
L'homme qui dirigeait la troupe n'est plus là
Il tient le bâton un moment, puis, il s'en va
Le pouvoir peut saisir celui qui le perçoit
Et ne le laisse qu'au milieu, au bout de son couloir
Refrain : Comme le trône est sucré comme on le dit !
Comme il est amer pour qui s'est donc mal assis

Une décision capitale

Il n'est plus du tout d'heure morte à s'amuser
Car chaque seconde qui passe, est comptée
Malheur à toi si ton temps est pour rigoler
Car la mort, est le châtiment des débauchés

Chaque décision prise se doit d'être capitale
Et la moindre erreur risque d'être fatale
Elle doit passer tout d'abord par le mental
Pour ne jamais se voir indexée d'infernale

C'est une décision que toi, moi, ne connaissent
Mais que seuls ton âme et ton être, ne méconnaissent
Elle se doit d'être prise, avec une hardiesse
Qui n'est jamais vue chez partisans de paresse

La ligne rouge

N'oublie pas la ligne rouge à ne pas franchir
Si tel n'était le cas, je devais te le dire
Voici donc la ligne rouge à ne pas franchir :
« Rire avec peuple qui a un ventre à couvrir »

Il est assez de nourriture, au marché
Mais tout le monde n'en ressort pas rassasié
C'est pourquoi, il ne faut pas seul en profiter :
Dieu voit bon à la vie, son inégalité

Le drapeau camerounais

Le drapeau camerounais a plusieurs couleurs :
Verte, rouge, jaune, marques de son honneur
Son arrivée n'était vraiment pas une erreur
Car il sait exprimer d'un pays, sa valeur

S'il te plait regarde – le attentivement
Tu verras figures défiler doucement
Grandes figures dont l'histoire a fait le chant
Ces grands héros qui ont bien marqué leur temps

Cet objet majestueux, symbolise à la fois :
Le martyrisme, ses preuves et son poids
La lumière, l'espoir, la patience, la foi
La richesse, et les ressources que tu vois

Ce drapeau était là, il est longtemps jadis
Il a vu le beau Cameroun qui a grandit
Il t'a vu ce jour – là quand le pouvoir tu pris
Il y sera quand tu ne seras plus en vie

La dette

Papa, la dette ne te touche
pas seulement
Il touche aussi le grand
peuple entièrement
Je ne dis pas dette qu'on parle couramment !
Mais de celle qui se vaut d'être premièrement

Que personne de ses beaux discours ne te trompe

Que personne dans des soucis noirs ne te trompe
Un seul emprunt lourd et dans la dette, tu trempes
Une véritable dette, point le cou ne rompt

La vraie dette consiste à aimer l'un et l'autre
A beaucoup rechercher les intérêts des autres
Autres semblables à toi, dont le pays est le nôtre
La vraie dette consiste à aimer nous – même, l'autre

III ème Partie : Le pouvoir et le bas peuple

Le bas peuple

Le bas peuple n'est que le reste
du grand peuple
C'est cette couche qui subit plus que le peuple
Il ignore tellement par rapport au peuple
Lois qui font d'un peuple, un véritable peuple
Il est un véritable réservoir de vices
La proie idéale pour plus de grands sacrifices
Un exemple, approprié de l'injustice…
Descends, et tu en sauras plus sur ses indices

Les Eglises

I

Les impies

Ils ont tellement envahi notre pays
Qu'on ne sait plus si on est là où ici
Ils ont tellement envahi notre pays
A un point qu'on ne sait plus quoi en dire
Et si je disais alors : « l'impie doit mourir »
Je passerais comme voulant m'enorgueillir
Ils nous ont pillés sans pitié sans vous mentir !
Tout ira pour le mieux, je te le garantis
Tout ira pour le mieux certainement un jour
Et justice n'écoutera plus d'ouïe trop lourde
Grâce à la puissante main de l'ancien des jours
Le Cameroun se verra luire un nouveau jour
Ce problème risque nous prendre trop de temps
Nous y connaîtrons mieux dessus prochainement
Mais l'important est de savoir dès à présent
Qu'un seul de tous, touchera le sommet : l'élite

II
L'élite

Plein d'yeux verront avec folle admiration
Cet élément du lot qui nie humiliation
En brisant les forces de la dure oppression
Qui se dissimule assez de la vision

C'est de l'Eglise triomphante dont je te parle
Qui est différente de ce qu'on en parle
C'est de l'Eglise puissante dont je te parle
Qui est différente de ce qu'impies en parlent

Elle s'élèvera bien au dessus des méduses
Fera trembler sol, ouvrir des cieux les écluses
Qui pourra vaincre l'élite par la force, et par la ruse…
Aucun… Personne ne la vaincra par la force, par la ruse

L'élite sera le modèle du grand peuple
Elle servira d'exemple pour le bas peuple
Ecrasera bien les menaces du grand peuple :
L'impie, la panthère, le serpent, le paon

Les quatre menaces

L'impie c'est l'irréligieux homme
Qui marche sur les voies bonnes
A nier même ce que Dieu en pense :
C'est l'ennemi du bien, plein d'innocence
Et armé contre des âmes, d'une lance

La panthère, c'est l'homme méchant
Rempli d'aigreur et impatient
Qui se plait dans le mal tout le temps
Qui se plait à voir se verser le sang

Le serpent, c'est l'homme rusé
Animé du grand désir de tromper
C'est l'homme qui montre ce qu'il n'est pas
Pour dire demain : « Je ne te connais pas »

Le paon, c'est l'homme orgueilleux
Dépourvu de bon sens et faux courageux
Qui trouve sa gloire la plus valeureuse
Dans des choses les plus honteuses et malheureuses

Un cri de désespoir

Plus bas, se versent inlassablement des larmes
Les larmes d'hommes dépourvus de tout, sans armes
Larmes qui revendiquent ce qui prit leurs charmes
Plus bas, se versent incessamment, tant de larmes

« La vie ne nous sourit, nous sommes dans la peine
Qui pourra donc consoler nos cœurs plein de haine ?
S'écrient ces voix si troublées aux larmes si saines
S'écrient ces voix si troublées, pieds, mains en chaînes

« Au secours, au secours aidez – nous disent – ils
Nous sommes donc livrés à nous – même parait – il

Nous ne sommes perçus de haut comme inutiles
Sûrement notre contrée nous prend pour des vils »

« S'en est trop ! Nous avons tant souffert jusqu'ici
Nous avons souffert pour ne voir que de la nuit
Nous avons même perdu le goût de la vie
Cause des méduses qui nous ont envahies »

Les méduses

Ne me demande à quoi semble leur beauté
Je ne t'éclairerai sûrement qu'à moitié
Ce que je sais, c'est leurs tentacules pointus
Qui veulent ravir à notre aire sa beauté

Ce sont des groupes, avec des leaders ou non
Qui poussent le système, à tourner en rond
Usent de ruse, et abusent des sans noms
Transforment des routes en des buchons

Boom ! Une bombe vient d'exploser dans le coin :
Un corps d'enfant s'est vu s'éparpiller plus loin
Un village brûle sous l'essence qu'on l'a oint
Tous dans la peur, n'attendent plus qu'un réel soin

Ces méduses sont là, sous la mer qui les cache
Elles calculent toujours les faibles qui passent
Elles attendent vivement, le vent de la chasse :
Le puissant vent du chaos pour qu'il les déplace

Le vent du chaos

Il s'est élevé sur notre beau continent
Un terrible vent sombre, surtout très violent
Si violent qu'on se doute même s'il est conscient
Du grand projet de l'Afrique pour ses enfants

Père ! As- tu idée du vent dont je t'ai parlé ?
As – tu idée du vent dont je veux t'éclairer ?
C'est le vent du chaos ! Vent dont je veux parler
Le puissant vent d'idées brisant tranquillité

Il souffle, et les méduses se déplacent
Il souffle, les méduses se mettent en masse
Pour prendre du bonheur de notre pays, la place
Pour à jamais salir de l'Afrique, la race

Mais où ira – t – elle avec d'idées si stériles
Afrique qui veut bien s'échapper de la grille
Mais où ira – t – elle avec d'idées moins fertiles ?
Seules des riches la sortiront de la grille

Séismes intermittents

Des bruits se font résonner de notre sol
A créer le trouble, au point qu'on devient mols
Comme si, un volcan veut faire son envol
Comme si, un volcan piège de ses taisons

Des bruits se font résonner de notre sol :
Ce sont des bruits de bottes à tour de rôle

Qui commencent, s'arrêtent, et reprennent envol
Stoppent encor, et recommencent à vibrer le sol

Ces bruits sourds à faire battre haut les cœurs
Ces grondements de pas qui produisent la peur
Doivent t'amener à comprendre qu'il est l'heure
L'heure de te poser une question évidente

Une question évidente

En fait, quand on parle de question évidente
Il s'agit de celle qui est très importante
Et absconsée d'une vision fort -promettante

« Que dois – je réellement faire dans ce cas ? »
En est la question évidente qui te va
Celle qui t'ouvrera de grandes portes papa
Et saura mieux joindre la sagesse à tes pas

Une vraie question, une question d'évidence
Peu vraiment faire que notre pays avance
Et bien te protéger de la mort qui s'élance
Pour exterminer tous les dépourvus de sens

La mort

I
La mort des rebuts

Oh ! Que de larmes pour des lampes qui s'éteignent
Lampes qui ne supportent l'ambiance qui règne
Ambiance trop triste que celles – ci dépeignent
Où la forte crainte de la mort bat son plein

Elles regardent de loin soleil qui se couche
Ces âmes troublées par les bruits du vent si louches
Découragées de faire marche sur des roches
Découragées de cet obstacle si farouche

Elles sont condamnées à périr par centaines
Pour des raisons mal connues qu'elles voient vaines
Qui malheureusement, n'augmentent que la peine
Qui malheureusement, n'augmentent que la haine

Tous les cris de ces personnes blessent nos âmes
Tous les cris de ces âmes empressent nos armes
Tous les cris de ces âmes heurtent trop notre âme
Tous ces cris blessent trop de notre pays, l'âme

II
La mort dans l'âme

L'âme de notre pays rend déjà son âme
L'âme de notre pays rend déjà sa flamme
L'âme de notre pays perd déjà sa flamme
L'âme de notre pays rend déjà son âme

Notre beau berceau plaint son dépérissement, toutes ces richesses qui font son ornement :
Hommes aux esprits fertiles, et forts savants
Qui faiblissent, et s'évaporent à chaque instant

Papa, notre terre ne s'inhumera pas

Et la flamme de nos cœurs ne s'éteindra pas
Nous croyons que notre nation se réussira
Et un chant d'espoir pour l'Afrique, entonnera

Un temps viendra...

I

Un chant d'espérance

Un temps viendra, il viendra un temps sûrement
Où la lumière luira dans le firmament
Un temps viendra, il viendra un temps sûrement
Où les ombres ne règneront plus comme avant

Refrain : La crainte, et la peur ne seront plus là
Car la lumière de vie sera sous nos pas

Un temps viendra, il viendra un temps sûrement
Où les méduses n'agiteront plus les gens
Un temps viendra, il viendra un temps sûrement
Où les cœurs se tourneront vers le tout puissant

Refrain : Un moment de paix, de grande joie paraîtra
Et les gens ne tendront plus à la mort le bras

II

Une nouvelle cadence

Il est temps, de danser sous un nouveau rythme
En repoussant les mauvais vents et tous ses crimes
Il est temps de suivre les lignes de la rime

Il est temps, de danser sous un nouveau rythme

Chacun marchera derrière son frère jusqu'au bout
Chacun dansera comme son frère jusqu'au bout
Car un merveilleux trésor nous attend au bout

Loin de nous, tous les vastes
ombres, et le désordre
Derrière nous, rusé serpent qui
aime mordre !
Derrière nous les Panthère, Impie et son ordre !
Loin de nous Paon, qui refuse de se fondre

La soif de vaincre

I

La flamme

La flamme de vie luira encore dans nos cœurs
L'espoir ne nous abandonnera plus
Ce n'est plus de temps à prendre peur
Nous sommes prêts à résister, face à la mort

Nos cœurs saignent des plaies infectes
Qui refusent vivement de se refermer
Nos cœurs saignent de blessures bandées
Qui ont de la peine à cicatriser

C'est encore nous ! Ceux- là qui poussaient des cris
Nous revenons cette fois changeant de stratégie :
S'asseoir, essuyer les larmes et se relever
Arrêter la marche, essuyer les larmes et continuer

C'est notre témérité
Qui nous donnera raison un jour
C'est notre persévérance
Qui nous fera un jour voir le roi

II
Le déblai

Papa ce n'est pas fini
Ecoute encore ce qu'ils disent :
<<Allez ! Que chacun rentre chez lui
Et rassemble ses affaires comme nos réserves sont finies
Que chacun nettoie sa parcelle comme on s'est dit
Très tôt demain, nous partirons>>

Le lendemain matin, l'un d'eux déclare :
<<Emportez le maximum de produits de vos champs
Les derniers sous que vous avez dans le camp
Et allons très loin du dépérissement>>

Il poursuit en disant :
<<Dirigeons- nous vers la grande ville
Et nos frères qui sont en ville, cherchez de voies meilleures
Car les gens d'en haut, ignorent peut- être notre existence
Et nos yeux levés regardent leurs pieds
Qui sans cesse sur nos têtes, marchent

Mon souhait

J'aimerais que notre Afrique soit purifiée
Et notre beau Cameroun en particulier
Du sang des innocents, du sang des Négriers
Qui paya pour un pêché qu'il n'a pas causé

J'aimerais que le jour paraisse sur nous tous
Et que la nuit disparaisse au devant de nous :
Tout ce qui vit et qui respire autour de nous
Soupire après une délivrance après tout !

Le bistouri

Mon cher père,

J'ai foi que ta douce réponse pourra redonner chaleur à mon âme. Ton fils ne saurait quoi dire devant cet obscurité qui vient sans cesse nuire à notre héritage.

Un nouveau vent va souffler sur notre pays. Il brisera la structure régnante pour une autre beaucoup plus solide.

Le nouveau vent dont je te parle apportera un style de gouvernance inédit car il est grand temps que le Cameroun connaisse une révolution, *sainte révolution*

La suite dans le recueil Cameroun ! dans '*'La Sainte Révolution*'' *tome 2*

Schémas représentant la structure du Cameroun

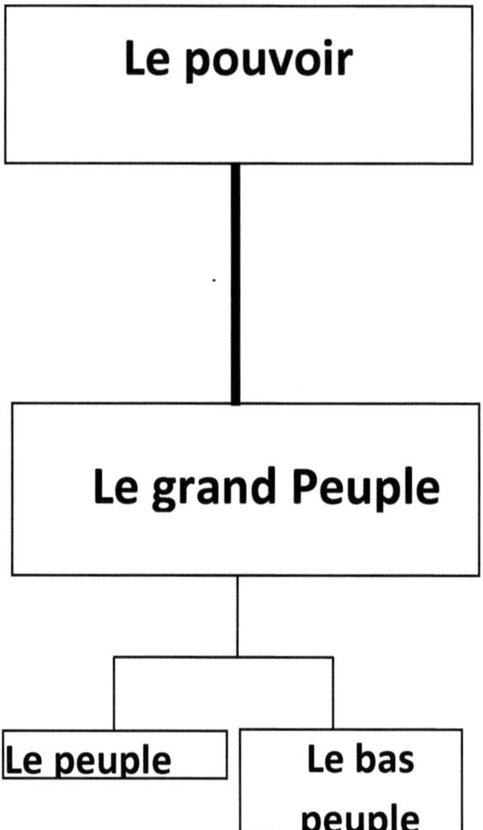

Schéma (0) Structure globale du Cameroun

Le statut du pouvoir avant la sainte révolution

(Société sous l'autorité de l'Etat)

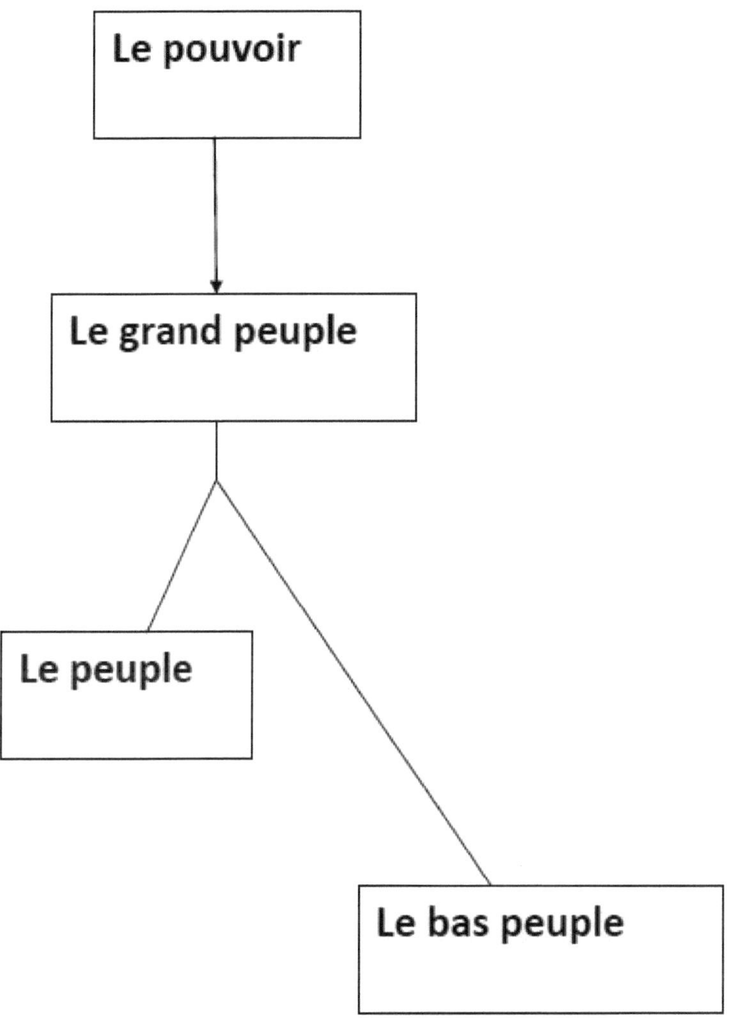

Schéma (1) Structure actuelle du Cameroun

Le statut du pouvoir après la sainte révolution

(Société sous L'autorité de L'Etat)

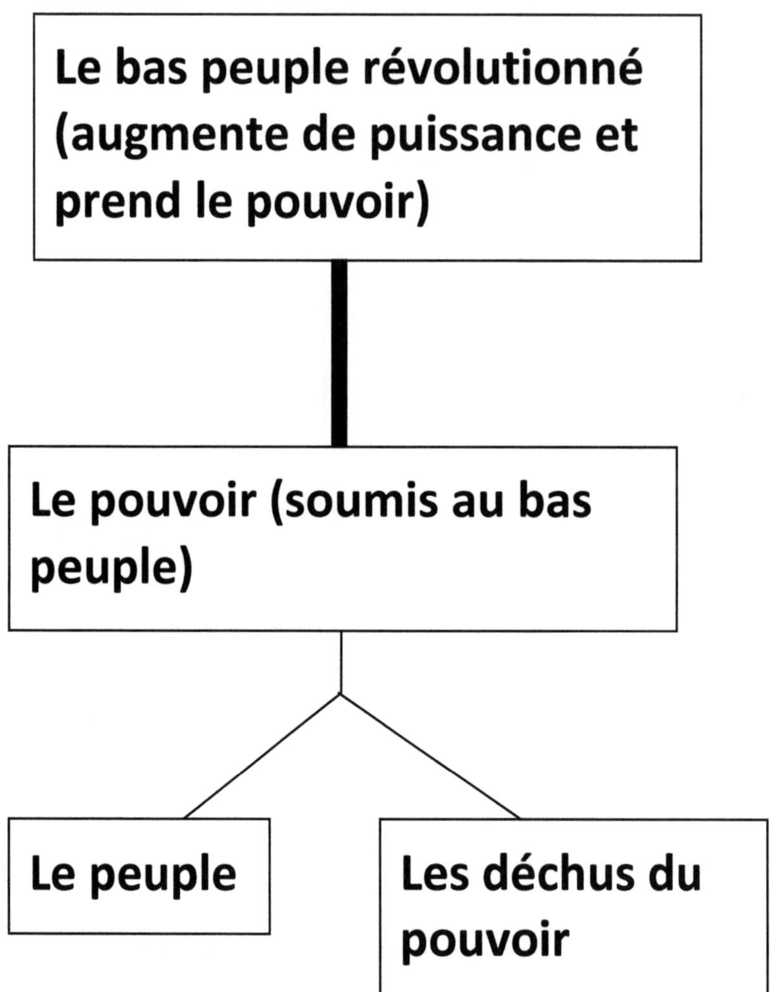

Schéma (2) structure à venir du Cameroun

Printed by Books on Demand GmbH, Norderstedt / Germany